NOTICE BIOGRAPHIQUE

SUR

MARIE-FRANÇOISE CROS

PAR

M. L'ABBÉ H. RABAUD

Vicaire de Roquecourbe (Tarn).

TOULOUSE

IMPRIMERIE CAILLOL ET BAYLAC

RUE DE LA POMME, 31

—

1868

MARIE-FRANÇOISE CROS

Il n'est pas rare, même dans notre siècle, d'entendre citer d'éclatants exemples de dévouement et de vertu. Les enfants de l'Eglise catholique peuvent nommer avec orgueil un grand nombre de leurs frères, qui ne reculent devant aucun sacrifice pour soulager toute espèce d'infortune, essuyer toutes les larmes, panser toutes les plaies et consoler toutes les peines. Mais ce que l'on rencontre plus rarement, c'est l'accomplissement simple, humble et consciencieux des devoirs de son état, c'est surtout l'acceptation patiente des maux et des afflictions qui nous arrivent. Aussi est-on heureux de pouvoir présenter, à l'imitation de ceux qui sont appelés à vivre de la vie commune, un modèle de fidélité à ses devoirs et de résignation dans les épreuves.

Tel est le motif qui a dicté ces quelques pages, dans lesquelles l'auteur ne s'est proposé d'autre but que de rendre un hommage public à la vertu d'une jeune personne, dont la vie a été un dévouement et une souffrance de tous les jours.

I

Marie-Françoise Cros naquit à Roquecourbe de parents pauvres des biens de la fortune, mais riches de foi et de vertu. Elle était l'aînée de trois enfants. Sa pieuse mère l'éleva dans la crainte et l'amour de Dieu; de bonne heure, elle lui apprit à distinguer le bien du mal et à pratiquer la religion. Ses exemples joints à sa parole laissèrent dans le cœur de sa fille une impression ineffaçable. Marie ne quittait le regard de sa mère que pour aller à l'école chez les Dames de la Présentation qui, à cette époque, venaient de s'établir dans la paroisse. Quand elle rentrait à la maison, c'était pour s'occuper en aidant sa mère dans les petits soins de la famille. C'est ainsi qu'elle se formait, dès l'âge le plus tendre, à l'accomplissement des devoirs bien autrement graves que la Providence devait bientôt lui imposer.

En effet, cette tendre mère, dont Marie recevait les caresses et qu'elle chérissait si affectueusement, lui fut ravie en quelques instants par le terrible fléau qui, en 1854, plongea tant de familles dans le deuil. Deux fois, dans la journée du 12 octobre, le choléra vint chercher des victimes dans la même maison et il enleva à ces enfants bien jeunes encore, leur mère et leur grand'mère. Marie avait alors neuf ans.

Elle comprit, malgré son âge, l'immensité de la double perte qu'elle venait de faire et rien ne put jamais l'en consoler. Quoique entourée de son père et de ses frères, elle se trouvait dans l'isolement le plus complet. Sa consolation n'était plus ici-bas ; sa mère n'était plus à ses côtés et elle se trouvait privée du plus riche trésor que peut posséder un enfant sur la terre. Celui-là seul qui a vu disparaître cet ange que le ciel place autour de notre berceau, peut comprendre le vide qui se fait dans le cœur quand Dieu retire à lui cet être qui veille avec tant de sollicitude sur nos jeunes années. Les amis, même les plus dévoués, ne peuvent combler ce vide. Rien ne peut remplacer une mère ; aucune créature n'est à la hauteur de la mission qui lui a été confiée.

II

Il faut dire cependant qu'à la mort de sa mère, Marie ne fut pas entièrement seule. Une tante paternelle rentra à la maison de son frère pour remplacer auprès de ces jeunes enfants celle qu'ils avaient perdue. Elle y apporta même, pendant quelque jours, un peu de bien-être; mais par une disposition particulière de la Providence, cette femme vint bientôt encore ajouter aux charges de la pauvre famille.

C'est à cette époque que Marie âgée de onze ans fut choisie pour faire sa première communion. Ceux qui l'ont connue et qui l'ont vue se rappellent avec quel soin elle se prépara à accomplir ce grand acte qui décide plus souvent qu'on ne croit, du bonheur de toute une vie. Parfaitement instruite sur sa religion, elle soupirait après le jour où il lui serait donné de jouir de la présence de Celui qui a laissé tomber de ses lèvres divines cette consolante parole : *Je ne vous laisserai pas orphelins.* Elle put, quand ce jour arriva, présenter à son

Dieu un cœur orné de toutes les vertus, et pur comme un tabernacle d'or. Ce fut la première des joies qu'elle goûta sur cette terre. Mais son séjour au Thabor ne fut pas de longue durée : elle dut suivre, bientôt après, le divin Sauveur dans la route du Golgotha. Cette tante qui s'était dévouée pour ses parents perdit peu-à-peu l'usage de ses facultés et devint incapable de se servir elle-même et de se conduire.

Dès ce moment, Marie abandonna l'école et laissée souvent seule à la maison par son père que ses modestes occupations de garde-champêtre appelaient à la campagne, elle y remplaça sa mère et consacra tous ses moments aux soins de ses petits frères. Elle était attentive aux besoins de tous et pour ses parents, elle savait s'imposer des privations qui semblaient bien au-dessus de son âge. Il faudrait avoir vécu dans l'intérieur de cette maison pour redire toutes les fatigues qu'elle supporta afin de se procurer les choses les plus nécessaires à la vie. Levée de bonne heure, elle s'occupait toute la journée et par un travail continuel, elle ajoutait quelques petites ressources au modique traitement de son père. Quelque pauvre que fut ce ménage, chacun admirait la modeste propreté et l'ordre qui y régnaient. Tout était simple sans doute, mais tout était convenable. Personne ne se serait douté qu'une enfant fut seule la providence de cette maison et qu'elle pût suffire à la tâche si on ne l'avait vue à l'œuvre.

III

Marie fut admise dans la congrégation de la Persévérance un peu avant d'avoir atteint l'âge fixé par le règlement. Elle aurait pu dès lors être citée comme un modèle de régularité et de modestie.

En 1860, Mgr de Jerphanion lui donna le sacrement de la Confirmation; mais en même temps que le pieux Archevêque appelait sur elle les grâces du Ciel, en même temps qu'il traçait sur son front le signe de croix, Dieu qui proportionne toujours nos afflictions à nos forces, la préparait à de nouvelles épreuves. Autant il lui prodiguait de grâces par le sacrement, autant il allait lui imposer de croix. Rien n'est plus vrai que cette parole si souvent redite et si peu comprise: *Dieu afflige ceux qu'il aime.* Les afflictions n'arrivent qu'à ceux qui peuvent les porter et l'on n'a pas à craindre qu'elles dépassent les forces du chrétien parceque Dieu ne frappe pas ses coups au hasard. On a dit quelque part ce mot profond : *La demeure de la douleur est la demeure de l'amour*, et on peut dire avec autant de raison que la maison de Marie Cros fut la demeure de l'une et de l'autre.

IV

Son père tomba malade et pendant de longues semaines, Marie lui prodigua tous les soins que réclamait son état. Quelles fatigues et quelles peines ne lui fallut-il pas endurer ! Cependant rien ne lui coûta. Elle passa les nuits sans sommeil au chevet de son père, oubliant jusqu'à sa nourriture. Elle eut voulu le conserver encore, mais elle ne put conjurer ni la maladie ni la mort et elle devint orpheline une seconde fois. Oh ! qu'il fut triste l'état dans lequel elle se trouva alors !

Pendant cette maladie, la misère était venue s'asseoir au foyer de la famille, et son père en mourant ne laissait qu'un héritage de dettes et sa sœur infirme à soigner.

Bien d'autres auraient senti leurs forces défaillir en présence d'une si grande épreuve et d'une tâche si difficile à remplir.

Mais Marie, qui depuis longtemps était façonnée à cette vie de sacrifice, s'arma de tout son courage, et mettant sa confiance en Dieu seul, elle dut faire pour sa tante plus même qu'elle n'avait fait pour son père. La maladie et l'état d'idiotisme dans lequel cette femme se trouvait l'avaient rendue d'une exigeance qui allait jusqu'à la brutalité.

Pendant plusieurs années, cette jeune fille que ses privations avaient rendue si délicate, si frêle fut obligée de panser tous les jours un horrible ulcère que sa tante avait à la tête, et si elle n'eut pas comme certains saints le privilège de la guérir, elle eut la consolation d'avoir rempli son devoir jusqu'à la fin et d'avoir soulagé sa malade autant qu'il lui avait été possible de le faire. Que de fois pendant les froides matinées d'un hiver rigoureux, on l'a vue se dirigeant vers la rivière et allant seule laver le peu de linge qui devait lui servir le soir ou le lendemain !

C'est ainsi qu'elle faisait le sacrifice de sa santé pour adoucir les souffrances de sa tante. Quand elle rentrait à la maison, elle ne recevait d'autre récompense que des reproches et de mauvais traitements. Jamais toutefois la moindre plainte ne sortait de sa bouche. Elle parlait même très rarement de ses peines à ses amies et elle essayait de paraître toujours gaie. A peine lorsque son âme était abîmée dans la douleur, consentait-elle à verser le trop plein de son calice dans le cœur de quelques-unes d'entr'elles. Elle se jetait amoureusement entre les bras du Dieu qui, selon la parole de l'apôtre, nous console dans toutes nos tribulations. C'est à lui qu'elle exposait ses peines, c'est de lui qu'elle recevait la force pour les supporter.

V

A la mort de sa tante qu'elle pleura comme elle avait pleuré sa mère, Marie se sépara de son frère qui alla chez un de ses oncles apprendre un état, et, retirée avec sa sœur dans une petite chambre, elle se livra à un travail continuel afin de payer les dettes contractées pendant la maladie de leur père. Elle eut bientôt satisfait à toutes ses obligations et alors seulement elle goûta quelque repos.

Délivrée des préoccupations qui, jusqu'à la plus belle époque de la vie, l'avaient retenue dans l'intérieur de la maison, Marie ne profita de cette liberté que pour se donner plus généreusement à Dieu et pour s'exercer chaque jour à la pratique des vertus chrétiennes. Fidèle à ses devoirs, elle fut le modèle accompli de la jeune fille. On la vit toujours douce, toujours patiente, toujours modeste et toujours appliquée à faire le bien.

VI

Son humilité ne lui permettait même pas de supposer qu'on pût s'occuper d'elle. Aussi, quand on lui annonça qu'elle avait été choisie pour faire partie du chœur des chanteuses, elle fut étonnée et ne répondit que cette parole : « Comment oserais-je aller me placer au premier rang dans l'église? je ne suis pas assez pieuse et il y en a tant qui chantent mieux que moi : cependant, si Monsieur le curé le veut, j'irai pour lui obéir. »

Il semble que si quelqu'un eût pu se dispenser de pratiquer la charité en faisant l'aumône, c'était cette jeune fille qui n'avait pas certainement un grand superflu à dépenser.

Toutefois, elle savait encore s'imposer des sacrifices pour participer à toutes les bonnes œuvres qui se faisaient dans la paroisse. Enfant dévouée de l'Eglise catholique, le récit des persécutions dont Pie IX était la victime émouvait profondément son cœur, et chaque fois qu'on demandait aux fidèles de verser une aumône dans le sein de leur père dépouillé, elle prenait sur son nécessaire une pièce d'argent pour secourir l'indigence du Vicaire de Jésus-Christ.

Avant d'avoir atteint l'âge fixé pour le jeûne, elle s'exerçait déjà à la pratique de la mortification et de la pénitence, et, obligée de prendre un peu de nourriture le matin, à cause de sa faiblesse et de sa maladie, elle ne préparait ses aliments qu'avec du sel, quoiqu'elle eût pu, malgré sapauvreté, se procurer un peu d'huile ou tout autre condiment Si on lui demandait raison de sa conduite, elle répondait que pour expier ses péchés, il fallait bien se mortifier de quelque manière. Un jour que Marie avait chez elle une de ses amies pour coudre, elle lui dit en souriant : « Nous sommes bien en carême, mais en ton honneur nous ferons une petite fête. » Ce jour-là, en effet, elle prépara ses aliments et usa des dispenses accordées pour ce temps.

C'est ainsi qu'elle comprenait et pratiquait la vertu.

VII

Continuellement appliquée à fuir les compagnies mondaines, elle ne cherchait les consolations dont son cœur avait besoin que dans la pratique de ses devoirs religieux. Si elle se choisit quelques amies avec lesquelles elle put se distraire et auxquelles elle put se confier ; son choix tomba sur les personnes les plus édifiantes, les plus régulières et toujours sur celles faisant partie de cette congrégation qu'elle aimait tant et dont on peut dire qu'elle est : l'*ornement de la paroisse*, l'*exemple du troupeau et la consolation du pasteur*. Le réglement de la congrégation était son réglement de vie et elle l'observait dans toutes ses dispositions. Jamais elle n'eut voulu se priver d'assister aux réunions des congréganistes et elle était heureuse de venir y chanter les cantiques à l'honneur de la

Sainte Vierge, après avoir chanté à l'église les louanges de Dieu.

Douée d'un cœur aimant, Marie, lorsque celle qui lui avait donné le jour lui manqua, se sentit portée à regarder comme sa mère l'aimable mère du Sauveur. Elle l'aima d'un amour spécial et jamais elle ne laissa passer aucune de ses fêtes sans s'approcher des sacrements. Comment, en effet, n'aurait-elle pas aimé la mère de Dieu, elle qui l'avait pour patronne, elle, dont la consolatrice des affligés avait tant de fois essuyé les larmes! On la voyait souvent aux pieds de ses autels, et quand le soir elle rentrait dans sa pauvre demeure, ses yeux se portaient encore sur une petite statue de la Vierge Immaculée, et son cœur faisait monter vers elle une prière pour lui demander sa puissante protection. Si elle devait s'approcher de la Table Eucharistique, elle s'y préparait longtemps à l'avance et elle craignait encore de ne pas y apporter une préparation suffisante. Quel cœur plus que le sien pouvait cependant offrir une demeure agréable à Celui dont lesdélices sont de demeurer avec les enfants des hommes.

VIII

Il y avait environ trois ans que Marie n'avait plus à s'occuper que d'elle-même et elle paraissait heureuse. Son travail lui suffisait pour mener une existence humble sans doute, mais bien conforme à ses goûts et à ses désirs.

L'aurore de jours meilleurs aux yeux du monde, semblait s'être levée pour elle, lorsque Dieu, qui en avait décidé autrement, voulut l'enlever de cette terre de peur que son âme, qu'aucun souffle impur n'avait effleurée et dont rien n'avait terni la beauté, ne fût corrompue par la málice des méchants.

Toutefois, avant de lui donner sa part des récompenses éternelles, il voulut encore l'éprouver et la purifier en la faisant passer par le creuset de la souffrance et de la maladie.

Déjà, en donnant ses soins à sa tante, Marie avait ressenti des douleurs dans le côté droit et on les avait attribuées à la fatigue et aux longues nuits qu'elle passait sans prendre presque aucun repos. Deux ans après, ces douleurs la reprirent encore et elle fut obligée de s'aliter. Des soins assidus la soulagèrent et elle put reprendre son travail à l'atelier; mais le mal qu'on croyait avoir guéri n'avait fait que se déplacer. Une tumeur se forma au genou, et malgré tous les secours qui lui furent prodigués, malgré la science de nombreux médecins, le mal ne fit qu'empirer en l'affaiblissant chaque jour davantage.

Pendant cinq mois, elle resta clouée sur son lit, endurant avec résignation des douleurs indicibles jusqu'à ce qu'enfin il plut à Dieu de récompenser tant de patience.

Le dimanche de la Quinquagésime, jour où l'on célébrait dans la paroisse l'Oraison des Quarante-Heures, ses douleurs augmentèrent encore, comme si Dieu avait voulu, en la rendant plus digne de lui, obtenir de cette âme pure une réparation plus abondante pour les péchés des hommes. La toux qui la déchirait intérieurement devint plus forte et l'empêcha de prendre aucune nourriture. Elle se vit privée ce jour-là de recevoir la sainte Eucharistie qu'elle désirait avec ardeur, mais elle fut la première à demander qu'on ne la lui apportât pas, dans la crainte de profaner le sacrement. Les jours qui suivirent, son mal devint plus intense, et dans la nuit du cinq au six mars, il fit de tel progrès, que l'on dut abandonner tout espoir de la conserver longtemps encore.

On appela son confesseur pour la préparer à la mort et lui administrer les derniers sacrements. Le prêtre monta dans sa chambre avec le médecin, qui lui dit que la malade n'avait que peu de temps à vivre, mais qu'elle ferait une bien longue et une bien douloureuse agonie. Resté seul auprès de son lit, le confesseur lui demanda ce qu'elle pensait de son état et ce qu'elle espérait. « Je suis convaincue, dit-elle, que je mourai bientôt et j'aimerais bien que ce fût samedi ; il ne m'en coûte pas de mourir et je n'ai qu'un regret, c'est de laisser ma sœur toute seule. » Ce jour du samedi, outre qu'il était comme tous ceux de l'année consacré à honorer la Sainte Vierge, coïncidait avec la fête de saint Thomas d'Aquin dont Marie portait depuis longtemps le cordon.

Le confesseur la quitta, lui annonçant qu'il reviendrait chez elle pour voir encore si elle pourrait recevoir le Saint Viatique; mais sa toux était si violente et si continue qu'elle ne pouvait rien garder de ce que son estomac recevait. Elle reçut seulement le sacrement de l'Extême-Onction avec une grande piété et en suivant toutes les prières du prêtre.

X

Le lendemain, qui était le jour qu'elle désirait être le dernier de son pèlerinage sur la terre, elle demanda qu'on dit la messe à son intention, et elle ne s'occupa plus que de sa sœur, de son frère qu'elle eut voulu voir une dernière fois, et du ciel.

A mesure que la mort approchait, sa confiance en Dieu semblait augmenter, et la pensée du jugement qu'elle craignait tant pendant sa vie, ne la troubla plus aucun instant. Au contraire, elle s'en entretenait comme s'il se fut agi d'une personne étrangère, et même avec la gaîté et la présence d'esprit qui la rendaient si chère à ses compagnes. Comme elle témoignait la crainte de ne pas mourir dans la journée, on tâcha de la rassurer en lui faisant espérer qu'elle mourrait vers la fin de la soirée ou au commencement du jour suivant, et qu'ainsi elle pourrait aller chanter les louanges de Dieu dans le ciel. Comprenant qu'on faisait allusion à son emploi de chanteuse, elle dit en souriant « Qui sait? je serai peut-être première chanteuse au ciel! et rentrant en elle-même, elle ajouta : « Mais peu importe d'être la première ou la dernière, l'essentiel, c'est d'y aller. »

Malgré d'horribles souffrances, elle avait l'esprit aux plus petites choses. Elle voulut voir la couronne qu'on est dans l'usage de déposer sur la tombe des congréganistes. Il n'y eut pas même jusqu'aux habits dont elle voulait être revêtue qui ne fissent l'objet de ses préoccupations. Comme on voulait lui donner ce quelle avait de plus beau : « A quoi bon, dit-elle, porter la vanité jusque dans la tombe, je ne demande qu'une chose, c'est d'être vêtue de blanc. »

A deux heures, elle fit appeler son confesseur dans la pensée que sa fin allait arriver. Elle reçut l'indulgence plénière *In articulo mortis* avec l'absolution de ses fautes. Un moment de faiblesse fit craindre sa mort, et le prêtre récita avec les assistants émus jusqu'aux larmes, les prières de la recommandation de l'âme. Revenue à elle-même, elle dit : « Je croyais mourir maintenant, cependant je ne mourrai pas encore, et il faudra que M. l'abbé revienne ce soir, parce que je ne voudrais pas mourir sans qu'il fut ici. Ce sera pour la dernière fois que je le verrai.

XI

Elle ne se trompait pas, car elle avait bien peu de temps à vivre, lorsqu'elle prononçait ces paroles, et Dieu ne semblait prolonger son existence que pour la faire servir à l'édification des nombreuses personnes qui entouraient le lit de la malade.

Elle conserva jusqu'à la fin l'usage de toutes ses facultés, et elle répondit à toutes les questions qui lui furent adressées. Elle voulut embrasser une dernière fois les personnes qui lui étaient chères, et dès ce moment, elle ne parla plus que de Dieu, et toutes ses pensées se portèrent vers l'Eternité. Ses regards se dirigeaient amoureusement vers l'image de Jésus crucifié, suspendue devant elle aux rideaux de son lit. Elle contemplait son Dieu étendu sur la croix, et lui demandait la grâce de souffrir patiemment jusqu'à la fin.

Tandis que la mort des pécheurs ne laisse voir d'ordinaire à ceux qui environnent leur couche, que le triste spectacle de défaillances et de luttes convulsives, celle des justes se présente sous un tout autre aspect. Leur âme toute envahie qu'elle paraît être par les ombres de la mort, ne fait que se recueillir pour prendre son essor vers les collines éternelles. Elle est, suivant les livres saints, *inaccessible aux tourments de la mort ; elle est dans la main de Dieu, et elle repose dans la paix.* De sa main défaillante, Marie fit plusieurs fois le signe de la croix ; ses lèvres se collèrent souvent contre un petit crucifix qu'on lui présentait, et sa langue n'articula plus que les noms sacrés de Jesus, de Marie et de Joseph, et au milieu de ces noms qui sont la force du chrétien mourant, ces mots : Allons nous-en. — C'est au ciel que vous voulez aller ? lui demanda-t-on. — Oui, répondit-elle, et il me tarde bien. Allons-nous en.

Ce furent ses dernières paroles. Une légère rougeur colora ses joues, une sueur froide couvrit son corps et après un léger effort qu'elle fit pour porter la main à son front, son âme s'échappa doucement de son corps comme un fruit mûr se détache de l'arbre sous la main de celui qui le cueille.

Marie Cros avait alors 23 ans trois mois.

XII

Son corps se glaça, mais ses membres, ses bras, ses mains surtout, comme ceux de sainte Catherine de Bologne, restèrent sans raideur aucune jusque dans le cercueil. On n'aperçut point de changement dans ses traits, et

La mort par qui tout tombe et tout se décolore,

sembla en prenant possession de sa dépouille, avoir ajouté quelque chose d'aimable à cet air de candeur et de modestie qui édifiaient tout le monde ; mais ce qui étonna surtout, ce fut la flexibilité de ses membres. Pendant toute la journée du dimanche, une foule de personnes, sans distinction de croyance et de culte, voulurent contempler encore une fois les traits de cette jeune fille et être témoins de ce fait que l'on regardait comme prodigieux. Les funérailles devaient avoir lieu dans la soirée, mais le temps fut si mauvais qu'elles durent être renvoyées au lundi. L'Eglise célébrait justement ce jour-là la fête de la seconde patronne de Marie : sainte Françoise dont elle avait si bien imité le dévouement au service des malades et la vie de sacrifice.

Pendant la cérémonie qui réunit avec les congréganistes vêtues de blanc, un grand concours de peuple, le cercueil orné tout autour d'une couronne de roses fut placé sur un catafalque recouvert de draperies blanches, sur lesquelles se croisaient des branches de laurier, symbole du triomphe et de l'immortalité.

Les prières de l'Église achevées, chacun voulut accompagner le corps de Marie-Françoise Cros à sa dernière demeure, et rendre ainsi un dernier hommage à sa vertu.

Puissent ceux qui ont été témoins de sa vie, marcher sur ses traces! Puissent ses compagnes, surtout celles qui se laissent entraîner par le courant du monde, apprendre la vanité des choses d'ici-bas, et recueillir quelques-uns de ses exemples pour les mettre en pratique!

Puisse enfin cette courte notice que nous offrons aux congréganistes de Roquecourbe, conserver vivant pour elles, le souvenir de celle qu'elles ont connue et aimée!!

Toulouse. Imp. Caillol et Baylac, rue de la Pomme, 34.

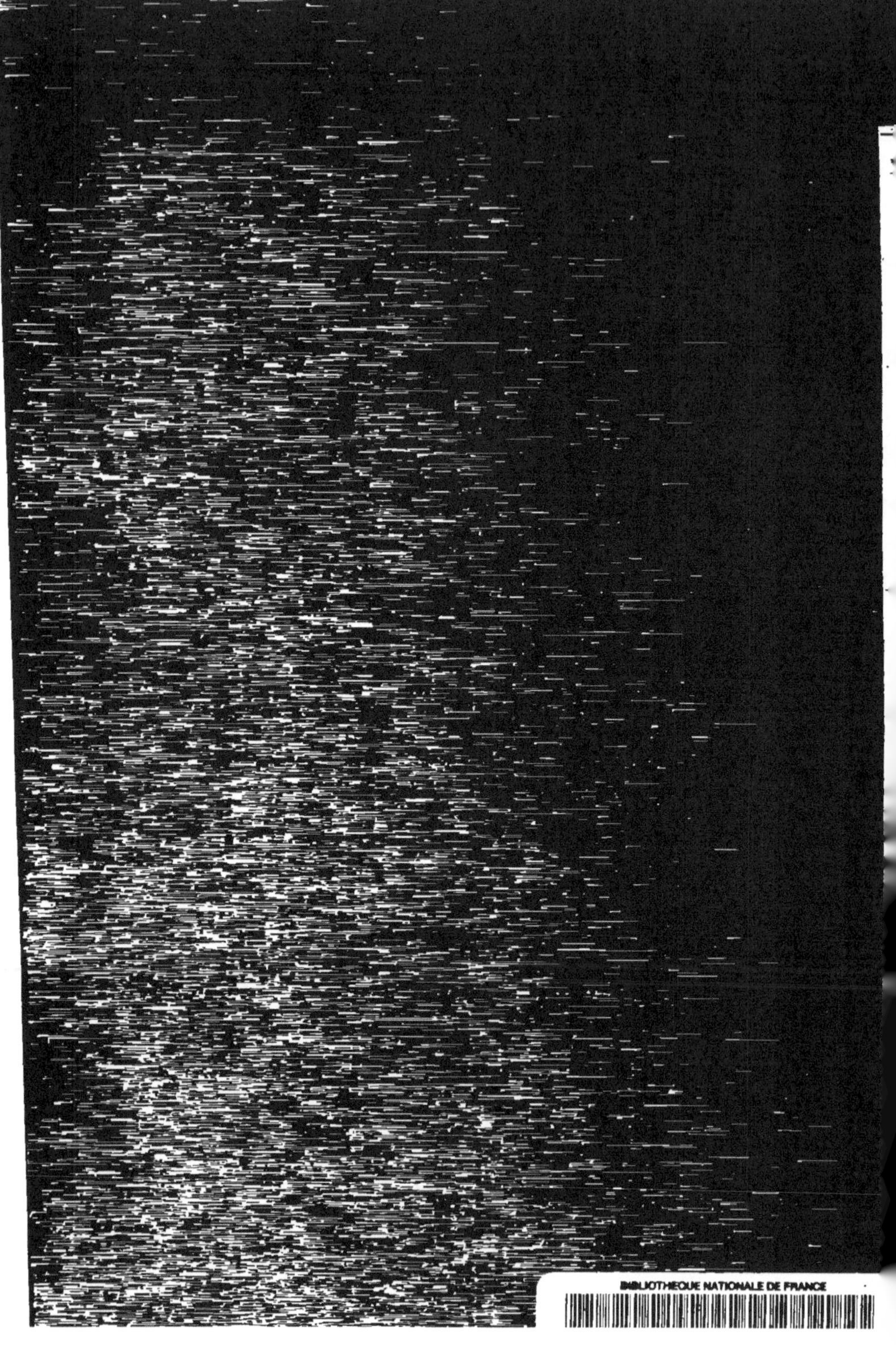

www.ingramcontent.com/pod-product-compliance
Lightning Source LLC
LaVergne TN
LVHW010308230826
846091LV00007BB/2776

* 9 7 8 2 0 1 1 7 7 3 7 0 8 *